탄탄 원리과학 클릭클릭

할머니 밥상은 맛있는 밥상

식물_먹는 식물들

글_정은정 그림_박효진 감수_이은주

여원미디어

할머니 밥상은 맛없는 밥상.
좋아하는 음식이 하나도 없어요.

할머니, 맛있는 거 없어요?

할머니는 커다란 바구니를 들고
밖으로 나가요.

할머니, 어디 가세요?

풀숲에는 향기 나는 산나물이 가득해요.
참나물, 곰취, 참취, 쑥, 그리고
꼬불꼬불 말려 있는 어린 고사리.

와, 이런 게 다 먹는 거예요?

나무 밑동이나 그늘진 곳에는 알록달록 예쁜 버섯들도 피어 있어요.
하지만 함부로 먹으면 안 돼요.
색과 모양이 예쁜 버섯은 대부분 독버섯이랍니다.

독우산광대버섯
노란다발
붉은싸리버섯
삿갓외대버섯

그 대신 못생겨도 표고버섯, 팽이버섯, 송이, 영지 등은
몸에 좋은 먹는 버섯들이에요.

톡톡 폭폭! 땅을 파요. 도라지, 더덕…
흙 속의 영양분을 듬뿍 받고 자란 뿌리들이 나와요.
살살 껍질을 벗겨 양념해 먹으면, 정말 몸에 좋아요.
깊은 산속에는 산삼도 자라고 있어요.
아무한테나 눈에 띄지 않는 귀한 약초랍니다.

오디

나무 위를 올려다보아요.
귀엽고 탐스러운 열매들이 대롱대롱 매달려 있어요.

달짝지근한 산뽕나무 열매 오디,
쪼글쪼글하고 작은 산딸기…

시고 떫지만,
잼이랑 음료수를 만들면 제 맛나는 개살구…

개살구

잣　　　　　도토리

올망졸망 고소한 잣과
가루를 내어 묵을 쑤어 먹는 도토리…

달콤한 감과 구수한 밤도 달려 있어요.

감

산딸기

밤

들로 나오면 논과 밭이 펼쳐져 있어요.
논에는 벼가, 밭에는 보리가
바람 따라 살랑살랑 인사를 해요.

벼에서는 하얀 쌀을 얻어요.
보리에서는 영양은 최고이지만
먹고 나면 뿡뿡, 방귀가 나오는
보리쌀을 얻지요.

어느새 바닷가 마을까지 왔어요.

바닷물이 빠진 자리에
하늘하늘 부드러운 잎이랑 줄기가 드러났어요.

갯바위에 붙어 있는 파래…

살짝 데쳐 쌈 싸 먹는 다시마…

생일 때 국 끓여 먹는 미역…

새콤달콤한 양념에 무쳐 먹는 톳…

말려서 밥을 푹 싸 먹는 김!
모두모두 바다에서 자라지요.

모자반과 우뭇가사리는 바다 속 바위에서 자라요.

우뭇가사리

모자반은 살짝 데쳐서 양념해서 먹고,
우뭇가사리는 묵을 만들어 먹어요.

모자반

할머니의 바구니가 가득 찼어요.
어, 또 어디로 가세요?

꼬불꼬불 오솔길을 지나 도착한 곳은
민이네 채소밭.

찌개에 넣어 먹는 쑥갓,
소금에 절이고 양념을 넣어 김치 담그는 배추,
고기를 싸 먹는 상추랑 깻잎이 나란히 자라고 있어요.

감자

양파

무

삶아 먹고 튀겨 먹는 감자랑 고구마,
기름에 볶으면 단맛이 나는 양파,
깍두기 담그는 시원한 무도
밭에서 자라는 채소들이지요.

무와 고구마는 뿌리에 영양분이 모인 거지만
감자는 덩이줄기에, 양파는 비늘줄기에
영양분이 모인 거예요.

고구마

수박

빨갛고 맛난 방울토마토,
부침개 해 먹으면 그만인 애호박,
시원하고 달콤한 수박과 새콤달콤 딸기.

모두모두 할머니가
손수 기르시는 거예요.

애호박

방울토마토

딸기

지글
지글

똑똑
딱딱

어느새 할머니의 부엌은
맛있는 소리로 가득 찼어요.

교수님이 들려주는 생명 이야기

할머니 밥상은 맛있는 밥상

이은주(서울대학교 생명과학부 교수)

학교에서 돌아와 냉장고 문을 열면 먹을거리가 가득해요. 맛있는 삶은 고구마와 시원한 사과 주스, 그리고 달콤한 딸기. 우리가 매일 먹는 채소, 곡식, 과일, 고기는 어디에서 왔을까요? 부모님이 시장이나 큰 슈퍼마켓에서 사서 가져왔답니다.

그렇다면 시장이나 슈퍼마켓에 있는 먹을거리는 어디에서 왔을까요? 도시 주변에 있는 논과 밭, 산과 들, 강과 바다에서 농부들과 어부들이 힘들여 거두어들이고 잡은 것들이랍니다.

옛날에는 거의 모든 사람이 식물이나 가축 등을 키워서 먹을거리를 직접 얻었답니다. 다양한 직업이 생겨나자, 도시 사람들은 농부와 어부들이 가꾸고 잡은 먹을거리를 시장에서 돈을 주고 사 먹게 되었지요. 그래서 먹을거리를 키우는 사람(생산자)과 먹을거리를 사 먹는 사람(소비자)이 나뉘졌답니다.

지금도 봄이 되면, 도시 주변에는 쑥과 냉이가 자랍니다. 작은 바구니를 들고 나가, 직접 캔 냉이랑 쑥으로 요리한 냉이국과 쑥떡. 시장에서 사 와 해 먹는 것보다 훨씬 더 맛이 있답니다. 왜 그럴까요?

야생에서 자라는 산나물은 자기 보호를 위해 다양한 물질을 만들어 낸답니다. 그래서 향과 냄새가 좋고, 먹으면 건강에도 좋지요. 그런 산나물을 직접 캐서 요리하면, 그 싱싱함이 고스란히 남아서 훨씬 더 맛있을 수밖에요.

산에서 산뽕나무 열매인 오디를 먹어 본 적이 있나요?
오디를 먹고 나면, 입술이 멍이 든 것처럼 온통 색이 든답니다.
산딸기도 정말 맛있죠. 가을에 가족들과 함께 밤이나 잣을 따 보는 것도 좋은 경험이 될 거예요.
우리나라 사람들은 매일 쌀로 밥을 지어 먹는답니다.
쌀이 우리의 밥상에 오르기까지, 농부들은 얼마나 많은 땀방울을 흘려야 했을까요?

겨우 몇 십 년 전만 해도 사람들이 일일이 논에 모를 심었답니다. 허리를 굽혀 모를 심는 것은 무척 힘든 일이었지요. 요즘은 기계로 모를 심지만, 벼를 키우는 일은 여전히 손볼 것이 많답니다. 가장 중요한 일은 비료 주기와 잡초 뽑기, 그리고 병과 해로운 벌레들로부터 지키기.
식물은 햇빛과 공기 중의 이산화탄소, 그리고 물을 이용해 영양분을 만들어 냅니다. 이를 '광합성'이라고 하지요. 거기다 비료를 주면 더욱 잘 자라게 된답니다. 그래서 벼를 거두어들일 때까지 서너 차례 비료를 줍니다.
비료 주기보다 힘든 것이 잡초 뽑기와 벼 잎을 먹는 벌레들을 막는 일이랍니다. 농약도 이용하지만, 농약을 많이 치면 다른 좋은 벌레와 식물도 죽게 됩니다. 그래서 요즘은 천적이나 다른 생물학적 방법을 이용하기도 합니다. 벼가 무르익으면 이삭을 쪼아 먹는 참새들을 신경 써야 하고, 추수한 뒤에는 쌀이 썩지 않게 잘 관리해야 합니다.

오늘 밥상에 올라온 밥과 반찬을 보며, 얼마나 많은 사람들의 땀과 노력이 깃들여 있는지 생각해 보세요.

글을 쓴 정은정 님은 중앙대학교 문예창작과를 졸업하고, 지금은 어린이책 편집자로 일하고 있습니다. 〈어디 가니?〉 〈오늘은 무슨 날?〉 등의 그림책에 글을 썼습니다.

그림을 그린 박효진 님은 수원대학교에서 서양화를 전공하였으며, 애니메이션 작업에도 참여하고 있습니다. 〈호두까기 인형〉 〈버드나무에 부는 바람〉 등에 그림을 그렸습니다.

감수를 한 이은주 님은 서울대학교 식물학과를 졸업하고, 같은 대학교에서 석사 학위를 받았습니다. 캐나다 마니토바대학에서 식물학 박사 학위를 받고, 지금은 서울대학교 생명과학부 교수로 재직하고 있습니다. 생명의 근간이 되는 식물에 어린이들이 더 많은 관심을 갖기를 바라는 마음으로, 어린이책에 애정을 쏟고 있습니다.

식물_먹는 식물들 할머니 밥상은 맛있는 밥상
글_ 정은정 그림_ 박효진 감수_ 이은주

펴낸이_ 김동휘 펴낸곳_ 여원미디어㈜ 출판등록_ 제406-2009-0000032호
주소_ 경기도 파주시 회동길 130(문발동) 탄탄스토리하우스 전화번호_ 080 523 4077 홈페이지_ www.tantani.com
기획·편집·디자인 진행_ 글그림 기획_ 이기경 김세실 안미연 편집_ 이연수 일러스트 디렉팅_ 김경진 디자인_ 이경자
제작책임_ 강인석 인쇄_ 새한문화사 제책_ ㈜책다움 판매처_ 한국가드너㈜ 마케팅_ 김미영 조호남 김명희 오유리

Plants_Edible Greens Grandma's Special Dishes
Grandma is gathering wild edible greens to make special dishes for her grandchild who is very picky about food. See the differences of edible greens growing on fields and mountains and in the sea.

이 책에 실린 글과 그림의 무단 복제 및 전재를 금합니다.

식물

지구의 주인은 누구라고 생각하나요? 지구상의 모든 생물에게 꼭 필요한 산소와 영양분을 제공해 주는 식물이 아닐까요. 식물의 다양한 생존 방식과 끝없는 생명력…. 이제까지 몰랐던 식물에 대한 놀라운 사실들을 알아봅니다.

동 물
- 생물과 무생물
- 먹이 사슬
- 태생과 난생
- 동물의 모습
- 동물의 성장
- 동물의 위장
- 고향을 찾아서
- 동물의 서식지
- 동물의 집짓기
- 동물의 의사소통
- 동물의 수면
- 동물의 겨울나기
- 먹이 구하기
- 아기 키우기

환 경
- 숲
- 강
- 갯벌
- 바다
- 땅
- 멸종동물
- 환경보호
- 재활용
- 인간과 도구

우 주
- 지구의 탄생
- 지구의 모습
- 날씨
- 지구의 움직임
- 암석
- 태양계
- 달
- 별의 일생
- 우주 탐사

인 체
- 우리 몸
- 탄생과 성장
- 감각기관
- 소화기관
- 운동순환기관
- 건강함이란

물 리
- 물질의 성질
- 물질의 상태 변화
- 공기
- 시간
- 소리
- 중력
- 여러 가지 힘
- 빛과 색
- 전기
- 도구의 원리

식물
- 식물의 위상
- 식물의 성장
- 식물의 번식
- 식물의 생존
- 식물의 일생
- 먹는 식물들
- 식물의 재배

할머니 밥상은 맛있는 밥상